Armin Täubner

Tiere auf dem Bauernhof

Frech-Verlag Stuttg

Vorder- und Rückseite des Fensterbildes

Im Buch wird stets beschrieben, wie die Vorderseite des Fensterbildes gearbeitet wird. Wenn das fertige Motiv an die Wand gehängt wird, genügt die Gestaltung der Vorderseite.
Bei frei hängenden Motiven muß aber auch an die Rückseite gedacht werden. Dabei müssen einfach die meisten Teile doppelt ausgeschnitten und in derselben Reihenfolge wie auf der Vorderseite, jedoch spiegelverkehrt, angeklebt werden.
Damit zwei Teile exakt gleich sind, wird der äußere Umriß auf ein Tonkartonstück übertragen. Ein zweites, etwa gleich großes Kartonstück derselben Farbe auswählen, und mit dem Klammerhefter beide Kartonstücke an den Seiten zwei- bis dreimal zusammenheften. Mit der Schere oder dem Cutter können nun beide Teile gleichzeitig, ohne zu verrutschen, ausgeschnitten werden.

Material:
Ton- oder Fotokarton (250–300 g/qm)

Werkzeug:
Mittelgroße, spitze Schere; Nagelschere; Cutter mit Schneideunterlage; Bleistift; Geo-Dreieck; Vorstechnadel zum Einstechen der Aufhängelöcher; Klebstoff.

Abpausen und Übertragen der Motive

Es gibt zwei Möglichkeiten:

1. Schablonen herstellen
Mit Bleistift werden die einzelnen Formen nebeneinander, ohne Überschneidungen, von der Vorlage auf Butterbrotpapier oder weißes Transparentpapier übertragen. Die abgepausten Teile werden nun auf dünnen Karton geklebt und ausgeschnitten. Diese Schablonen werden auf den entsprechenden Tonkarton gelegt und die Umrisse mit Bleistift nachgezogen. Diese Methode hat den Vorteil, daß die Schablonen immer wieder verwendet werden können.

2. Abpausen
Die Teile der Schnittvorlage werden mit Bleistift ohne Überschneidungen auf kräftiges Transparentpapier (Architektenpapier) abgepaust. Dieses Papier wird direkt auf den Tonkarton gelegt. Mit Kugelschreiber werden die Umrisse der Einzelformen nachgezogen. Die Konturen drücken sich in den Karton ein und können sofort ausgeschnitten werden.

Fotos: Birgitt Gutermuth

Materialangaben und Arbeitshinweise in diesem Buch wurden vom Autor und den Mitarbeitern des Verlags sorgfältig geprüft. Eine Garantie wird jedoch nicht übernommen. Autor und Verlag können für eventuell auftretende Fehler oder Schäden nicht haftbar gemacht werden. Für eine Verbreitung des Werkes durch Film, Funk und Fernsehen, Fotokopien oder Videoaufzeichnungen, sowie für eine gewerbliche Nutzung der gezeigten Modelle, ist eine Genehmigung oder Lizenz des Verlags erforderlich. Das Werk ist urheberrechtlich geschützt nach § 54 Abs. 1 und 2 UrhG.

Auflage: 5. 4. 3.　　Letzte Zahlen　© 1991
Jahr: 1995 94 93 92　　maßgebend

frech-verlag

ISBN 3-7724-1440-0 · Best.-Nr. 1440　　GmbH+Co. Druck KG Stuttgart · Druck: Frech, Stuttgart 31

Die Devise ist heute in vielen Lebensbereichen „Zurück zur Natur". Und so steht gerade bei Familien mit Kindern der Urlaub auf dem Bauernhof ganz hoch im Kurs. Hier dürfen sich die Kinder schmutzig machen, können draußen rumtollen und all die Tiere, die sie vielleicht nur von Photos oder aus dem Fernsehen kennen, sind hier zu Hause.
Und wer einmal bei der Heuernte mitgeholfen und mitgezittert hat, ob das Wetter auch hält, wird immer wieder gerne daran denken.

In diesem Buch stehen die Tiere des typischen Bauernhofes im Mittelpunkt. Eines Bauernhofes, wie er in seinen Ursprüngen war. Wo das Schwein noch suhlt, die Hühner auf dem Mist picken, die Enten im Wasser planschen und auch die Kühe ins Freie dürfen.

Ob als Ausdruck der Vorfreude auf die nächsten Ferien, als Erinnerung an den letzten Besuch auf dem Land oder einfach weil man Tiere mag – diese Fensterbilder eignen sich für viele Gelegenheiten und werden Kindern sowie Erwachsenen gleichermaßen gefallen.

Wer ist hier dumm?

Mit Cutter und Schere werden die Blumen- und Blätterranken (gestrichelte Linien) ausgeschnitten und anschließend von vorne auf die Grasfläche geklebt. An den Ranken zunächst die Blätter und dann die Blüten fixieren. An den Gänseköpfen zuerst das größere Schnabelteil (durchgezogene Linie) anbringen, und darauf das kleinere Teil (gestrichelte Linie) kleben. Bei den Gänsekindern besteht der Schnabel aus einem Teil. Er wird hier durch einen dünnen Filzstiftstrich unterteilt. Die Augen mit schwarzem Filzstift aufmalen. Die Füße der Gänse befestigen. Abschließend alle Einzelteile auf dem Wiesenstück anordnen und die Schmetterlinge nach Belieben verteilen.

Ergänzende Zeichnungen siehe Vorlagenbogen.

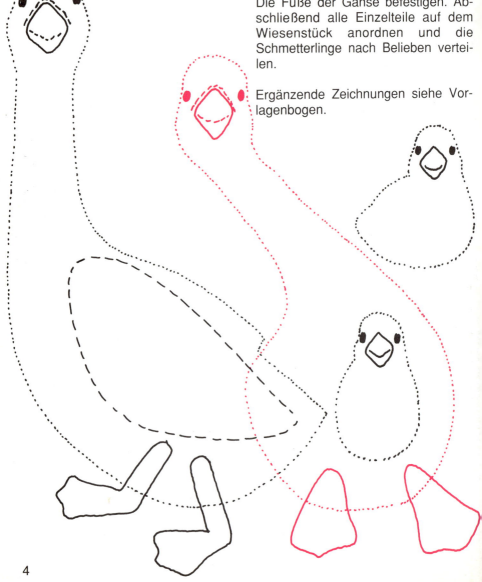

Kaninchenfamilie

Der Kaninchenstall besteht aus drei Teilen. Auf das dunkelbraune Teil (gestrichelte Linie) das hellbraune Gitterteil (durchgezogene Linie) und das rote Dach kleben. Den fertigen Stall auf der Grünfläche plazieren. Davor werden die Kaninchen sowie einige Möhren angebracht. Die Gesichter mit Filzstift aufmalen.

Zeichnungen siehe Vorlagenbogen.

Komm bloß nicht näher!

Auf der Bodenfläche werden zuerst die Grasbüschel fixiert. Nun kann der Zaun zusammengestellt werden. Hufe, Mähne und Schwanzquaste des Esels mit einem schwarzen Filzstift einfärben und dann Auge, Nüster und Nasenriemen aufmalen. Anschließend werden die zweiteiligen Ohren befestigt. Bei den Gänsen werden Schnäbel und Füße orange angemalt und die Augen schwarz.

Wir sind nicht wasserscheu

Den Busch auf die Bodenfläche kleben. Darauf wird die rote Schüssel mit der aufgeklebten Wasserfläche fixiert. Die Körner in der gelben Futterschüssel sind mit Filzstift aufgetupft. Schnäbel und Füße der Gänse mit orangem Filzstift bemalen.

Feine Körner

Den blauen Bogen von hinten am Wiesenstück fixieren. Für das Ausschneiden der Gießkanne den Cutter verwenden. Die Gießkanne auf der Grasfläche befestigen. Eine Taube auf die Kanne kleben, die beiden anderen davor anordnen. Mit einem schwarzen Filzstift die Taubenaugen und die Körner im Gras aufmalen.

Jeder Tag ist Badetag

Auf der braunen Bodenfläche (durchgezogene Linie) von vorne die beiden Büsche anbringen. Davor den Brunnen, die Blumen und die Pfütze befestigen. Bei den Enten vor dem Aufkleben Schnäbel und Füße gelb einfärben und die Augen aufmalen.

Zeichnungen siehe Vorlagenbogen.

Das Bauernhaus

Auf das weiße Haus (durchgezogene Linie) zuerst das Dach (mit Kaminausschnitt), dann die senkrechten, grünen Steigrohre (punktierte Linien) und die Dachrinne (gestrichelte Linie) kleben. Das Scheunentor besteht aus einem Teil und wird durch schwarze Filzstiftstriche in vier, etwa gleich große Flächen unterteilt. Eine Fläche ist schwarz eingefärbt. Diese schwarze Fläche kann auch separat ausgeschnitten und aufgeklebt werden. Durch kleine weiße Rechtecke werden Vorhänge angedeutet, die durch hellblaue Dreiecke geteilt werden. Zu beiden Seiten der Fenster werden grüne Fensterläden befestigt. Auf den roten Türrahmen die grüne Tür kleben. Auf dem Dach wird die Unterkonstruktion für das Storchennest angebracht. Darauf das Nest und den Storch kleben. Das ganze Gebäude wird nun auf der Bodenfläche (gestrichelte Linie) fixiert. Bevor der Wagen vor der Scheune befestigt wird, muß er zusammengestellt werden. Am roten Rechteck (gestrichelte Linie) wird die grüne Ladefläche (durchgezogene Linie) angeklebt. Von vorne werden die großen, schwarzen Reifen und die roten Felgen angebracht. Die Deichsel und auch die Säcke von hinten befestigen. Beim Mädchen am Pullover von hinten die Hose, von vorne das Haar ankleben. Von hinten Gesicht und Hand anbringen. Die Stiefel werden mit Filzstift aufgemalt. Die Szene mit den übrigen Kleinteilen ausschmücken.

Ergänzende Zeichnungen siehe Vorlagenbogen.

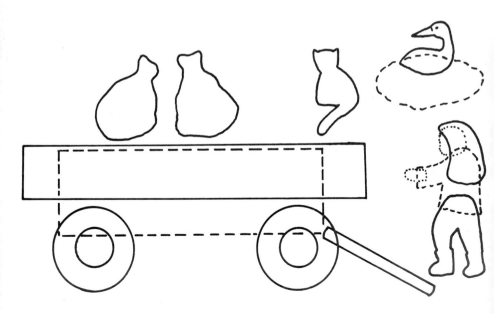

Kindersegen im Frühling

An Huhn Kamm, Schnabel und Kehllappen mit Filzstift rot und gelb einfärben. Nun das Auge aufmalen. Der Flügel wird so befestigt, daß noch ein Küken dahinter geschoben werden kann. Nun das Huhn auf dem Wiesenstück plazieren und rundum Küken und Tulpen anordnen.

Ergänzende Zeichnungen siehe Vorlagenbogen.

Die leckere Milch!

Am Wasserfaß werden die Wasserfläche und das schwarze Faßband (punktierte Linie) angeklebt. Anschließend das Wasserfaß auf dem Bodenstück fixieren und davor das Grasbüschel anordnen. Als nächstes werden die große Milchpfütze und der Freßnapf mit der kleinen Pfütze befestigt. Schließlich Katze und Vogel anbringen.

Hühnerparty auf dem Mist

Die Hühner aus weißem Karton ausschneiden und mit Filzstift Kamm, Schnabel, Kehllappen und Beine einfärben. Die Hühner werden sowohl auf als auch vor dem Misthaufen plaziert.

Zeichnungen siehe Vorlagenbogen.

Familie Huhn

Bei Hahn und Henne Kämme, Schnäbel und Kehllappen sowie die Füße mit Filzstift rot bzw. gelb einfärben. Die Flügel ankleben. Auch bei den Küken werden Schnäbel und Füße mit Filzstift angemalt. Augen aufmalen. Die Hühnerfamilie zusammen mit einem Stein und zwei Grasbüscheln auf der Bodenfläche anordnen.

Ergänzende Zeichnungen siehe Vorlagenbogen.

Es gibt viel zu entdecken

Mit Filzstift werden auf den Sack Flicken, Löcher und eine Schnur samt Schleife gemalt. Vor dem Sack den Eimer fixieren. Wasserfläche und Tragebügel aufkleben. Vorne befindet sich noch ein Grasbüschel, hinter dem eine Maus hervorschaut. Von hinten die Bodenfläche ankleben. Nun die andere Maus, die Küken und den Schmetterling anbringen.

Ergänzende Zeichnungen siehe Vorlagenbogen.

Auf zur Arbeit

Beim Traktor an das kreuzförmige Mittelstück (durchgezogene Linie) die beiden großen Hinterräder (gestrichelte Linie) kleben. Darauf werden nun die Schutzbleche mit den Sitzen (durchgezogene Linie) befestigt. Am linken Sitz den Hund von hinten fixieren. Die Vorderachse (gestrichelte Linie) mit den Schutzblechen an den Hinterrädern ankleben. Nun werden die Vorderräder (punktierte Linie) aufgeklebt. Als nächstes wird die Vorderachse durch ein aufgeklebtes schwarzes Rechteck (punktierte Linie) mit dem Mittelstück verbunden. Etwas darüber ein weiteres schwarzes Rechteck anbringen. Anschließend werden die Scheinwerfer und die Blinklichter angeklebt. Am Mittelstück von hinten das Lenkrad und den Körper des Bauern (punktierte Linie) befestigen. Von vorne seinen Kopf, Bart, Haar und Mütze fixieren.
Der Traktor wird auf der mit Büschen und Grasbüscheln beklebten Bodenfläche so angebracht, daß noch genügend Platz für die Hühner bleibt. Kamm, Schnabel, Kehllappen und Füße der Hühner werden mit Filzstift angemalt. Die Flügel werden aufgeklebt.

Ergänzende Zeichnungen siehe Vorlagenbogen.

Ein kleiner Kampf

An den Ziegenköpfen von vorne und von hinten jeweils ein Horn ankleben. Anschließend werden die Ohren angebracht. Die Ziegenhufe mit Filzstift schwarz einfärben.

Auf der Grünfläche den Apfelbaum befestigen und die beiden Ziegen plazieren.

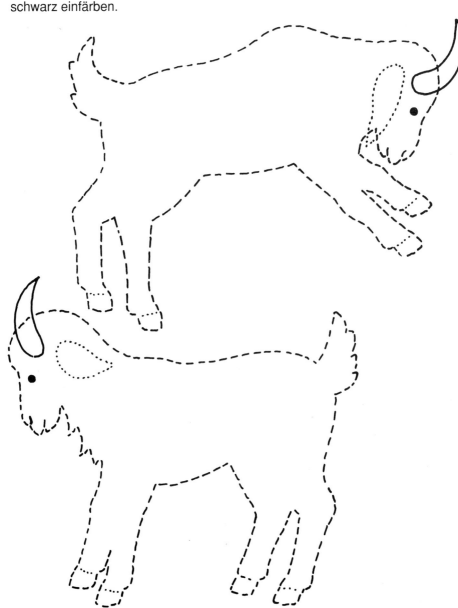

Futterzeit

Die Büsche von hinten an der Bodenfläche fixieren. Nun kann der Eimer mit dem aufgemalten Bügel angeklebt werden. Die beiden Katzen und den Futternapf mit dem aufgemalten Inhalt anordnen. Die Blüten bestehen aus weißen Papierpunkten, auf die zuerst rote Sterne und dann kleine, schwarze Punkte gemalt werden.

Hallo, kennen wir uns?

Zuerst den Zaun zusammenkleben und auf dem Wiesenstück befestigen. Von hinten werden die Büsche angeklebt. Beim Fohlen Mähne, Schweif und Hufe schwarz einfärben sowie Auge und Nüster aufmalen. Nun werden die beiden Ohren angeklebt. Fohlen und Katze vor bzw. auf dem Zaun fixieren. Zeichnungen siehe Vorlagenbogen.

Ein fliegender Besucher

Von hinten den Himmel mit zwei Wolken an der Grasfläche ankleben. Mit einem schwarzen Filzstift werden den Eseln Mähnen, Hufe und Schwanzquasten angemalt. Augen, Nüstern und Nasenriemen ebenfalls aufmalen. Die Ohren bestehen aus zwei Teilen, die aufeinandergeklebt und dann am Kopf befestigt werden. Die Esel auf der Wiese anordnen. Abschließend Blumen und Schmetterlinge aufkleben.

Ergänzende Zeichnungen siehe Vorlagenbogen.

Eine neue Hundehütte?

Den Kopf des Jungen (punktierte Linie) von hinten am blauen Hemd ankleben. Von vorne das Haar so anbringen, daß der Hemdkragen noch teilweise verdeckt wird. Die beiden Hosenbeine samt Stiefeln von hinten am Hemd befestigen. Nun kann der Arm angeklebt werden. Den Kopf des Jungen am roten Bogen, seine Stiefel auf der Grünfläche fixieren. Abschließend Hund, Eimer und Schaufel ankleben.

Ergänzende Zeichnungen siehe Vorlagenbogen.

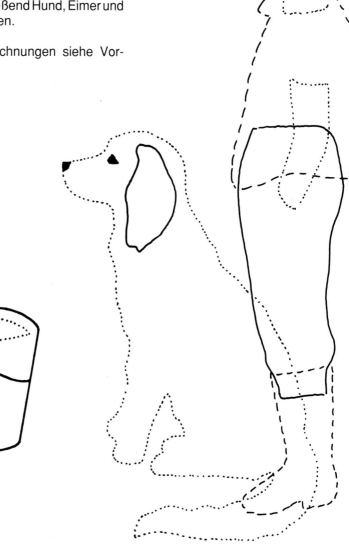

Hoffentlich sieht uns niemand

Auf die braune Bodenfläche (durchgezogene Linie) zuerst das hintere Teil der Hecke (gestrichelte Linie) kleben. Nun die beiden vorderen Teile der Hecke (Strich-Punktlinien) so ankleben, daß noch der Zugang zum Garten frei bleibt, denn hier wird das Gartentor angebracht. Bei den Salatköpfen werden die Blätter durch eingedrückte Linien (punktierte Linien) angedeutet, die mit der Spitze einer Nagelfeile gezogen werden. Zum Schluß werden die Hasen, die Salatköpfe und die Möhren im Garten angeordnet.

Fertig zum Einzug

Grünfläche und Baumkrone mit dem aufgeklebten Stamm verbinden. Nun wird die Hundehütte zusammengeklebt und so fixiert, daß sie den Stamm zur Hälfte verdeckt. Aufs Hüttendach den Vogel setzen und den Hund so plazieren, daß er zum Vogel hinaufsieht. Vor der Hundehütte noch den Futternapf und einige Knochen anordnen. Ganz zum Schluß werden die Birnen aufgeklebt.

Zeichnungen siehe Vorlagenbogen.

Hallo, wie geht's?

Am weißen Mauerwerk des Stalls (durchgezogene Linie) Dach, Tür, Fenster sowie die runde Giebelöffnung anbringen. Der linke Busch wird von hinten, der rechte Busch von vorne am Stall fixiert. Nun kann, ebenfalls von hinten, die braune Bodenfläche befestigt werden. Mit einem schwarzen Filzstift und einem Lineal werden Türbänder und Riegel aufgezeichnet. Am Schweinekopf ein Ohr von vorne und eines von hinten ankleben. Den Kopf im Fenster anbringen, Schweinefüße und Rüssel befestigen. Augen und Nasenlöcher aufmalen. Bevor die beiden Hunde ihre Ohren erhalten, werden ihnen Halsbänder aufgemalt.

Ergänzende Zeichnungen siehe Vorlagenbogen.

Am Taubenschlag

Den Stamm an der Baumkrone und an der Grünfläche fixieren. Rechts neben dem Stamm wird das Taubenhaus angeklebt. Am Taubenhaus Dach und Einflugöffnungen anbringen. Abschließend werden die Tauben aufgeklebt.

Zeichnungen siehe Vorlagenbogen.

Nachwuchs im Hundekorb

Am Hundekorb von vorne das blaue Tuch (gestrichelte Linie) befestigen. Von hinten zuerst den braunen (durchgezogene Linie), dann den weißen Hundekörper (gestrichelte Linie) am Korb fixieren. Die Köpfe der Hundeeltern bzw. der -kinder sind bis auf die Größe

identisch. Von hinten jeweils das Ohrenpaar, von vorne die Schnauze und die Augen ankleben. Die Köpfe der Hundeeltern werden leicht geneigt auf den Körpern befestigt. Anschließend werden die Köpfe der Hundekinder angeklebt.

Zeichnungen siehe Vorlagenbogen.

Fohlenspaziergang im Frühling

Den Himmelsbogen mit den Wolken von hinten am Hügel fixieren. Im Vordergrund wird der Ententeich plaziert. Die Stute und ihr Fohlen bestehen jeweils aus drei Teilen. Von vorne werden die Blessen, von hinten die Schweife befestigt. Mähnen und Hufe mit Filzstift schwarz einfärben. Augen, Nüstern und Mäuler aufmalen. Die beiden Pferde werden oberhalb des Teiches angeklebt. Nun kann die Wiese mit Blumen verziert werden.

Ergänzende Zeichnungen siehe Vorlagenbogen.

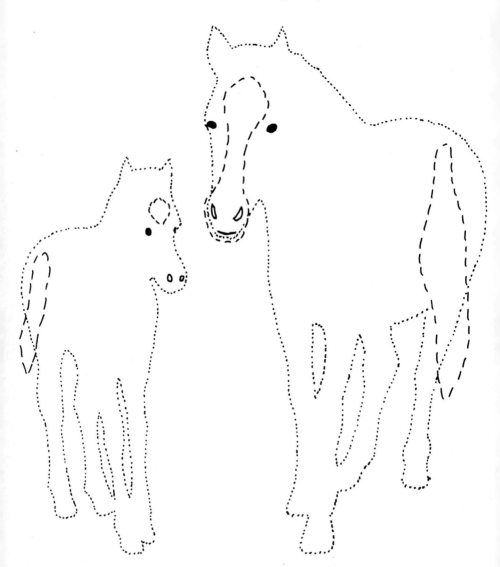

Frische Milch gefällig?

Bei der Kuh zuerst das Euter (punktierte Linie), dann die braunen Fellflecken, den Schwanz (punktierte Linie), die Hörner und die Nase ankleben. Hörner und Klauen schwarz einfärben. Die Augen und die Nasenlöcher werden aufgemalt. Anschließend wird die Kuh auf die mit Büschen und Blumen bewachsene Wiese geklebt.

Zeichnungen siehe Vorlagenbogen.

Wo bleibt der Bauer?

Den Stall samt dem daran befestigten Misthaufen auf der Grünfläche fixieren. Bei der Kuh zuerst das Euter, dann die weißen Fellflecken und die Nase ankleben. Hörner und Klauen werden mit einem Filzstift schwarz eingefärbt. Augen und Nasenlöcher aufmalen. Die fertige Kuh wird nun vor dem Stall auf der Grünfläche plaziert. Davor ist Platz für Heu, die Milchkanne und zwei Katzen.

Der Ausreißer

An den Stiefeln die Stiefelspitzen ankleben. Die Stiefel werden von vorne auf die Hosenbeine geklebt. Ebenfalls von vorne den Pullover fixieren. Von hinten wird der Kopf mit dem ebenfalls von hinten aufgeklebten Haar angebracht. Nun wird das Ferkel mit einem Klebepunkt am Pullover befestigt. Anschließend den Arm mit der von hinten angeklebten Hand fixieren. Zum Schluß wird der Junge auf eine Grünfläche mit Blumen geklebt.

Gut gegen Mücken

Auf den weißen Stall (durchgezogene Linie) das Dach sowie die Rahmen von Fenster und Tür kleben. Darauf Fensterscheibe und Tür mit aufgemalten Türbändern und Riegel anbringen. Nun wird der Stall auf die Bodenfläche (Strich-Punktlinie) geklebt. Vor dem Stall befinden sich der Busch und die Suhle.
Ein Schwein auf das Schlammloch, das andere daneben kleben.

Zeichnungen siehe Vorlagenbogen.

Bald muß die Wolle runter

Auf die braunen Schafskörper (punktierte Linien) zuerst die Wolle (gestrichelte Linien) und dann die Ohren kleben. Augen und Nasenlöcher werden mit einem schwarzen Filzstift aufgemalt. Die Hufe schwarz einfärben. Beide Schafe auf dem Wiesenstück plazieren. Abschließend die Blüten anordnen.

Weiße Schafe

An Lamm und Schaf jeweils Gesicht und Ohr ankleben. Augen und Nasenlöcher aufmalen. Beide Schafe von hinten an der Grasfläche fixieren. Auf dem Gras aus einzelnen Blättern Tulpenpflanzen zusammenkleben. Die Blüten bestehen jeweils aus zwei gleich großen Teilen. Eins wird der Länge nach mittig gefaltet und auf das andere geklebt. Im Vordergrund werden noch zwei Vögel angebracht.

Zeichnungen siehe Vorlagenbogen.

Das Scheren tut nicht weh

Lamm: Dem Lamm wird zunächst sein Wollkleid aufgeklebt. Auge und Nasenloch aufmalen, und die Hufe schwarz einfärben. Anschließend wird noch das Ohr aufgeklebt.

Kind: Auf den Kopf (durchgezogene Linie) das Gesicht malen und von vorne das Haar (gestrichelte Linie) aufkleben. Der Kopf wird am Oberkörper (punktierte Linie) befestigt. Nun können von vorne das obere Teil der Hose (gestrichelte Linie) und die Hosenbeine mit den Schuhen angebracht werden. Das Lamm auf den Schoß des Kindes legen, den Arm und die Hände ankleben. Von hinten werden noch die Steine und die Rasenfläche befestigt.

Gemeinsame Rast

Am Hügel vier Büsche in unregelmäßigen Abständen fixieren. Auf den Köpfen der beiden liegenden Schafe werden die braunen Gesichter und die Ohren angeklebt. Das zweite Lamm (gestrichelte Linie) von hinten am Rücken des Mutterschafes anbringen. Es erhält jetzt ebenfalls Gesicht und Ohr sowie die beiden Vorderbeine. Den fünften Busch aufkleben.

Zeichnungen siehe Vorlagenbogen.